PREMIER ALPHABET FRANÇAIS,

Divisé par Syllabes,

POUR APPRENDRE AUX ENFANTS A ÉPELER AVEC FACILITÉ.

A CHALONS,

CHEZ T. MARTIN, IMPRIMEUR-LIBRAIRE, PLACE DU MARCHÉ-AU-BLÉ.

ABCDE
FGHIJK
LMNOPQR
STUVXYZ

abcdefg
hijklmno
pqrstuvxyz.
fi fl æ œ w ç ë ï ü
℣ ℟ ( ) [ ] § » † - , ; : ! ?

A B C D E F G H I
J K L M N O P
Q R S T U V X Y Z Æ OE.

✠ *a b c d e f g h i j k l m*
n o p q r s t u v x y z.

á é í ó ú.

Á É Í Ó Ú.

b z a c v t u i s x r d q m e n l o
p k f g j h z y w fi fl æ œ.

1 2 3 4 5 6 7 8 9 0.

Syllabes de deux lettres.

Ba	be	bi	bo	bu
Ca	ce	ci	co	cu
Da	de	di	do	du
Fa	fe	fi	fo	fu
Ga	ge	gi	go	gu
Ha	he	hi	ho	hu
Ja	je	ji	jo	ju
Ka	ke	ki	ko	ku
La	le	li	lo	lu
Ma	me	mi	mo	mu
Na	ne	ni	no	nu
Pa	pe	pi	po	pu
Ra	re	ri	ro	ru
Sa	se	si	so	su
Ta	te	ti	to	tu

Syllabes de deux lettres.

Va	ve	vi	vo	vu
Xa	xe	xi	xo	xu
Za	ze	zi	zo	zu

Syllabes de trois lettres.

Bab	beb	bib	bob	bub
Bac	bec	bic	boc	buc
Bad	bed	bid	bod	bud
Bla	ble	bli	blo	blu
Bra	bre	bri	bro	bru
Cha	che	chi	cho	chu
Cla	cle	cli	clo	clu
Cra	cre	cri	cro	cru
Dra	dre	dri	dro	dru
Fla	fle	fli	flo	flu
Fra	fre	fri	fro	fru

Syllabes de trois lettres.

Gla	gle	gli	glo	glu
Gna	gne	gni	gno	gnu
Gra	gre	gri	gro	gru
Gua	gue	gui	guo	guu
Pla	ple	pli	plo	plu
Pra	pre	pri	pro	pru
Qua	que	qui	quo	quu
Spa	spe	spi	spo	spu
Sta	ste	sti	sto	stu
Tla	tle	tli	tlo	tlu
Tra	tre	tri	tro	tru
Vra	vre	vri	vro	vru

L'ORAISON DOMINICALE.

No tre Pè re qui êtes aux Cieux, que vo tre nom soit sanc ti-

fié ; que vo-
tre règne
arrive ; que
votre volon-
té soit faite
sur la terre

com me au
Ciel ; don-
nez-nous au-
jour d'hui
no tre pain
de cha que

jour ; par-
don nez nous
nos offen ses
com me nous
par don nons
à ceux qui

nous ont of-
fensés , et ne
nous laissez
pas succom-
ber à la ten-
tation, mais

dé li vrez-
nous du mal.

Ain si soit-il.

LA SALUTATION
ANGÉLIQUE.

Je vous sa
lue, Marie,
pleine de
grâce; le
Seigneur est

a vec vous ;
vous êtes bé-
nie en tre
tou tes les
fem mes, et
Jésus, le fruit

de vos en-
trail les est
bé ni.
Sain te
Ma rie, mè-
re de Dieu,

pri ez pour
nous, pauvres
pé cheurs,
main te nant
et à l'heu re
de no tre

mort. Ain si soit-il.

Le Symbole des Apôtres.

Je crois en Dieu le Père tout-puissant, Créateur du Ciel et de la terre; en Jésus-Christ, son Fils unique, Notre Seigneur, qui a été conçu du Saint-Esprit, est né de la Vierge Marie, a souffert sous Ponce Pilate, a été crucifié, est mort et a été enseveli, est descendu aux enfers, et le troisième jour est ressuscité d'entre les morts, est monté aux Cieux, est as sis à la droi te de Dieu le Pè re tout-puis sant, d'où il vien dra ju ger les vi vants et les morts.

Je crois au Saint-Es prit, la Sainte E-gli se Ca tho li que, la Com mu ni on des Saints; la ré mis si on

des pé chés, la ré sur-
rec ti on de la chair,
la vie é ter nel le.
Ain si soit-il.

La Confession des Péchés.

JE con fes se à Dieu
tout-puis sant, à la
bien heu reu se Marie,
tou jours Vierge, à S.

Michel archange, à saint Jean-Baptiste, aux Apôtres S. Pierre et S. Paul, à tous les Saints (et à vous mon Père), que j'ai beaucoup péché, par pensées, par paroles et par actions; c'est ma faute, c'est ma faute, c'est ma très-grande faute : c'est pour quoi je supplie la bien heureuse Marie, toujours Vierge, saint Michel archange, saint Jean-Baptiste, les Apôtres saint Pierre et saint Paul, tous les saints (et vous mon Père), de prier pour moi le Seigneur notre Dieu.

Prière avant le repas.

O Dieu, qui nous pré sen tez les biens né ces sai res, pour nour rir no tre corps, dai gnez y ré pan dre vo tre sain te bé né dic ti on, et nous fai re la grâce d'en user so bre ment. Au nom du Pè re, et du Fils, et du S. Esprit. Ainsi

Prière après le repas.

Seigneur, nous vous rendons nos très-humbles actions de grâces des biens que vous nous donnez pour la nourriture de notre corps; qu'il vous plaise de nourrir aussi notre ame de votre grâce, dans l'espérance de la vie éternelle. Par Jésus-Christ notre Seigneur. Ainsi soit-il.

Prière pour les Morts.

QUE les ames de nos parens, de nos amis, et de tous les Fidèles qui sont morts, reposent en paix par la miséricorde de Dieu.

Les Commandements de Dieu.

Un seul Dieu tu adoreras
Et aimeras parfaitement.
Dieu en vain tu ne jureras,
Ni autre chose mêmement.
Les Dimanches tu garderas,
En servant Dieu dévotement.
Tes Père et mère honoreras,
Afin de vivre longuement.
Homicide tu ne seras,
De fait ni volontairement.

Luxurieux point ne seras
De corps ni de consentement.
Le bien d'autrui tu ne prendras,
Ni retiendras à ton escient.
Faux témoignage ne diras,
Ni mentiras aucunement.
L'œuvre de chair ne désireras,
Qu'en mariage seulement.
Biens d'autrui ne convoiteras,
Pour les avoir injustement.

Les Commandements de l'Eglise.

Les Fêtes tu sanctifieras,
Qui te sont de commandement.
Les Dimanches, messe ouïras,
Et les Fêtes pareillement.
Quatre temps, Vigiles, jeûneras,
Et le Carême entièrement.
Tous tes péhés confesseras,
A tout le moins, une fois l'an.

Ton Créateur tu recevras
Au moins à Pâques humble-
 ment.
Vendredi, chair ne man-
 geras,
Ni le samedi mêmement.

Châlons, imprimerie de T. Martin.

www.ingramcontent.com/pod-product-compliance
Lightning Source LLC
Chambersburg PA
CBHW060910050426
42453CB00010B/1637